AF555305

L'ARCHITECTURE PRIVÉE

AU XIXE SIÈCLE

IMPRIMERIE J. CLAYE
PARIS

L'ARCHITECTURE PRIVÉE

AU XIXe SIÈCLE

(DEUXIÈME SÉRIE)

NOUVELLES MAISONS DE PARIS ET DES ENVIRONS

PAR

M. CÉSAR DALY

ARCHITECTE DU GOUVERNEMENT

Directeur-fondateur de la *Revue générale de l'Architecture et des Travaux publics* (*XXXIe année d'existence*);
Auteur des *Motifs historiques d'Architecture et de Sculpture d'ornement, des XVIe, XVIIe et XVIIIe siècles, 1re et 2e séries*, chacune de 2 vol. in-folio (*Décorations extérieures et intérieures*);
De l'*Architecture privée au XIXe siècle* (*Nouvelles Maisons de Paris et des Environs*), *1re et 2e séries*, chacune de 3 vol. in-folio;
Des *Théâtres de la place du Châtelet* (Paris), en collaboration, 1 vol. in-folio, et
De l'*Architecture funéraire contemporaine*, 1 vol. in-folio.

MEMBRE ÉTRANGER DE L'ACADÉMIE ROYALE DES BEAUX-ARTS DE STOCKHOLM, MEMBRE HONORAIRE ET CORRESPONDANT
DE L'INSTITUT ROYAL DES ARCHITECTES BRITANNIQUES, MEMBRE ASSOCIÉ HONORAIRE DE L'ACADÉMIE IMPÉRIALE DE SAINT-PÉTERSBOURG,
MEMBRE ASSOCIÉ DE L'ACADÉMIE ROYALE DES BEAUX-ARTS DE BELGIQUE,
MEMBRE DE L'ACADÉMIE ROYALE DES BEAUX-ARTS DES PAYS-BAS, MEMBRE HONORAIRE DE L'INSTITUT AMÉRICAIN DES ARCHITECTES,
MEMBRE HONORAIRE DE LA SOCIÉTÉ POUR LA PROPAGATION DE L'ARCHITECTURE D'AMSTERDAM,
MEMBRE ASSOCIÉ CORRESPONDANT DE L'ASSOCIATION DES ARCHITECTES CIVILS PORTUGAIS, A LISBONNE,
MEMBRE CORRESPONDANT DE L'ACADÉMIE DES BEAUX-ARTS DE FLORENCE,
MEMBRE DE LA SOCIÉTÉ DE GÉOGRAPHIE DE PARIS, ETC., ETC.

Premières Médailles pour ses publications, aux Expositions universelles de 1855 (Paris) et de 1862 (Londres),
et Médaille d'argent à l'Exposition universelle de 1867 (Paris).

PREMIER VOLUME

DÉCORATIONS EXTÉRIEURES ET INTÉRIEURES DES ÉTABLISSEMENTS DE COMMERCE ET DES HABITATIONS

AVEC LEURS DÉPENDANCES DIVERSES DE VILLE ET DE CAMPAGNE

PARIS

DUCHER ET CIE, ÉDITEURS

LIBRAIRIE GÉNÉRALE DE L'ARCHITECTURE ET DES TRAVAUX PUBLICS

6, RUE SORBONNE, 6

1872

L'ARCHITECTURE PRIVÉE

AU XIXe SIÈCLE

(DEUXIÈME SÉRIE)

DÉCORATIONS EXTÉRIEURES ET INTÉRIEURES

ET DÉPENDANCES DIVERSES DES NOUVELLES MAISONS DE PARIS ET DES ENVIRONS.

ETTE publication forme la *deuxième Série* de nos études sur l'ARCHITECTURE PRIVÉE de notre temps.

La *première Série* avait été principalement consacrée à faire connaître les Plans, les Coupes et les Élévations de nos habitations urbaines et suburbaines, ou, si l'on veut, de ville et de campagne, divisées en trois classes dont chacune comprend trois degrés différents d'importance.

La *seconde Série* a pour objet essentiel de traiter des *Décorations extérieures* et *intérieures*, des neuf types des habitations de Paris et des Environs et de leurs *Dépendances diverses*.

Ni l'une ni l'autre de ces publications ne s'occupe des palais, qui se confondent par leur importance avec les monuments publics, ni des chaumières, qui échappent par leur insignifiance au contrôle sérieux de l'art.

Dans la *première Série* nous avons voulu faire connaître surtout la constitution générale de chacun des neuf types de nos maisons : le système d'agencement des plans, le mode de bâtir le plus souvent adopté et la physionomie esthétique de ces constructions.

Nous avons aussi tenté d'ajouter à cette étude des *ensembles* de nos habitations, certains *détails* intéressants; mais les limites dans lesquelles nous avons dû nous renfermer ne permettaient pas d'accorder, à beaucoup près, à ces détails, un développement en rapport avec leur importance. Ceux mêmes que nous y avons donnés l'ont été peut-être un peu aux dépens des ensembles, surtout des villas.

Aussi, dès la clôture de la *première Série* de l'ARCHITECTURE PRIVÉE, nous fûmes promptement averti que notre œuvre demandait un complément, une *deuxième Série*, consacrée :

1° Aux *Décorations extérieures* des établissements de commerce et des habitations, et à diverses *dépendances :* écuries, remises, etc., etc.;

2° A la reproduction de nombreux spécimens de *Villas*, de *Chalets*, de *Jardins*, et de leurs dépendances de toutes natures;

3° Aux *Décorations intérieures* des établissements de commerce, des habitations, etc.

Nous étions averti que nos spécimens de Villas, de la *première Série*, étaient en nombre insuffisant pour répondre aux aspects variés d'un genre de construction où la décoration et la fantaisie jouent un rôle si important.

Aucune de ces réclamations ne nous a surpris; nous avions nous-même annoncé que notre *première Série* ne traitait qu'une des faces de la grande question de l'*Architecture privée*, et que d'autres *Séries* suivraient de près la première. Les observations qu'on nous a adressées, en justifiant nos prévisions, n'ont donc pu nous déplaire, et elles auront eu l'avantage de nous fournir un programme, auquel nous avons tenu à donner toutes les satisfactions possibles dans cette *seconde Série* de l'*Architecture privée*.

Nous n'avons pas à parler longuement ici de l'objet de ce livre ; nos dessins ont leur langage propre, clair et précis; le *Tableau général des matières* qui termine ce texte fait comprendre l'esprit et la composition du livre, et chacune des onze *sections* formant les trois volumes de cette *seconde Série*, est précédée d'une Table des matières spéciale à la section.

Nous ne ferons donc plus qu'une seule observation :

c'est que nous avons tenté de soumettre les documents qui composent cette *seconde Série*, comme déjà nous l'avions fait pour ceux de la *première Série*, à une classification simple et claire, afin que le lecteur pût trouver immédiatement dans nos pages ce qu'il y chercherait.

Cette *seconde Série* se compose, comme la *première*, de trois *volumes*, et chaque volume se divise en autant de *Sections* qu'il s'y trouve de groupes distincts de sujets. Comme dans la *première Série*, ces groupes distincts se terminent chacun par des planches donnant, à petite échelle, en *parallèle*, c'est-à-dire en regard les uns des autres et de façon à pouvoir être comparés entre eux, une grande variété de spécimens du sujet traité.

CÉSAR DALY.

TABLEAU GÉNÉRAL DES MATIÈRES[1]

DEUXIÈME SÉRIE DE L'ARCHITECTURE PRIVÉE AU XIXe SIÈCLE

Volume	Section	Matières
1er VOLUME. — DÉCORATIONS EXTÉRIEURES	1re SECTION.	Établissements de commerce : Boutiques, Magasins, etc., etc. (15 planches, dont 3 *parallèles*.)
	2e SECTION.	Clôtures et Entrées de cour. — Portes cochères, Portes bâtardes et Portes d'allée. — Fenêtres, Lucarnes, Œils-de-bœuf. — Trumeaux. — Corniches et Couronnements de porte et de croisée. — Têtes de cheminée, etc., etc. (51 planches, dont 9 *parallèles*.)
	3e SECTION.	Écuries et remises. — Dépendances diverses. — Fontaines. (10 planches.)
2e VOLUME. — HABITATIONS DE CAMPAGNE et leurs dépendances	1re SECTION.	Villas en pierre, en brique, etc., en matériaux divers combinés. — Chalets en bois sculptés et découpés, et en bois de grume. (31 planches, dont 3 *parallèles*.)
	2e SECTION.	Volières, Pigeonniers, Poulaillers. — Serres-chaudes, Serres-salons, etc., etc. (13 planches.)
	3e SECTION.	Jardins et leurs dépendances diverses : Maisons de garde, Pavillons de concierge, Kiosques, petits Chalets, Exèdres, Embarcadères nautiques, Abris, Ponts et Bancs rustiques, etc. (25 planches, dont 2 *parallèles*.)
	4e SECTION.	Clôtures de parc, de jardin, etc., en maçonnerie, fer, bois, etc. (13 planches, dont 2 *parallèles*.)
3e VOLUME. — DÉCORATIONS INTÉRIEURES	1re SECTION.	Établissements de commerce : Boutiques, Bazars, Restaurants, Débits de liqueurs, etc. (18 planches.)
	2e SECTION.	Parties communes des habitations : Passages de porte cochère et d'allée, Passages-vestibules, Cages d'escalier, etc. (24 planches, dont 3 *parallèles*.)
	3e SECTION.	Pièces d'appartement : Antichambres, Salles à manger, grands et petits Salons, Galeries de dégagement, Galeries de tableaux, Salles de billard, Chambres à coucher, Cabinets de toilette, Cabinets de travail, etc. (22 planches.)
	4e SECTION.	Portes de salon et de salle à manger, Trumeaux, Plafonds, Corniches, etc. (19 planches.)

1. Une table spéciale et détaillée des matières de chaque *Section* est placée en tête de la Série des planches qui composent la Section.

BIBLIOTHÈQUE

DE

L'ARCHITECTE

PAR

M. CÉSAR DALY

SÉRIE DES ÉTUDES D'ARCHITECTURE CONTEMPORAINE

ARCHITECTURE PRIVÉE

(DEUXIÈME SÉRIE)

VOLUME Ier

SECTION Ire

Établissements de commerce : Façades de Boutiques, de Magasins, de Restaurants, etc., etc.

(QUINZE PLANCHES.)

PAR Mr CÉSAR DALY, ARCHte

Sulpis sc.

BOUTIQUE

L'ARCHITECTURE PRIVÉE AU XIXme SIÈCLE

PAR Mr CÉSAR DALY, ARCHte

BOUTIQUE

L'ARCHITECTURE PRIVÉE AU XIXme SIÈCLE

CÉSAR DALY, arch.

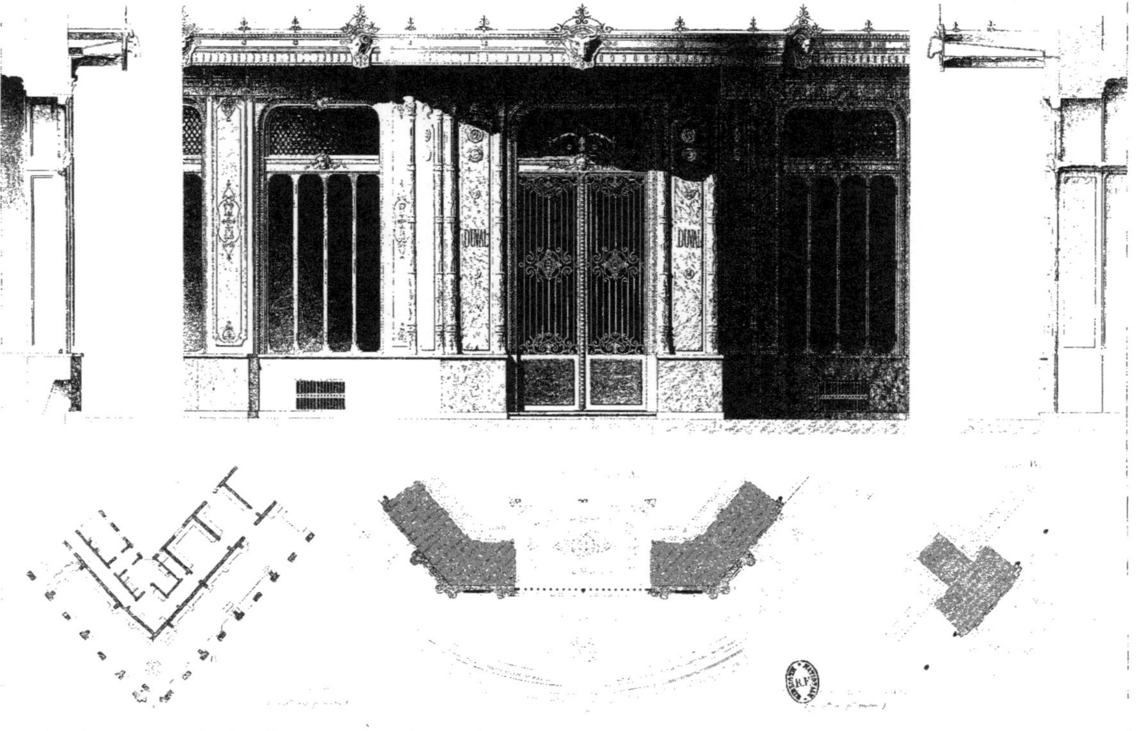

BOUTIQUE

L'ARCHITECTURE PRIVÉE AU XIXme SIÈCLE

PAR Mr CÉSAR DALY, ARCHte

BOUTIQUE

PAR MR CÉSAR DALY, ARCHTE

BOUTIQUE

OBJETS D'ART LUSTRES GAUTIER ET FILS LAMPES BRONZES

BOUTIQUE

L'ARCHITECTURE PRIVÉE AU XIXme SIÈCLE

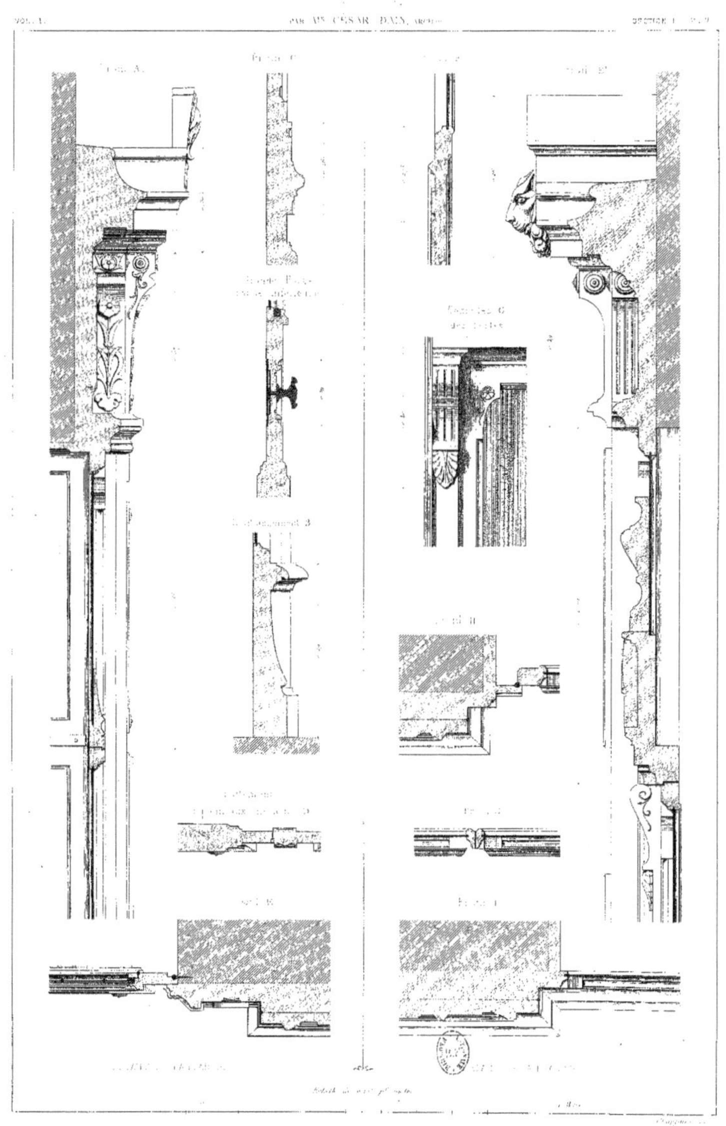

BOUTIQUES

L'ARCHITECTURE PRIVÉE AU XIXe SIÈCLE

PAR Mr CÉSAR DALY, ARCHte

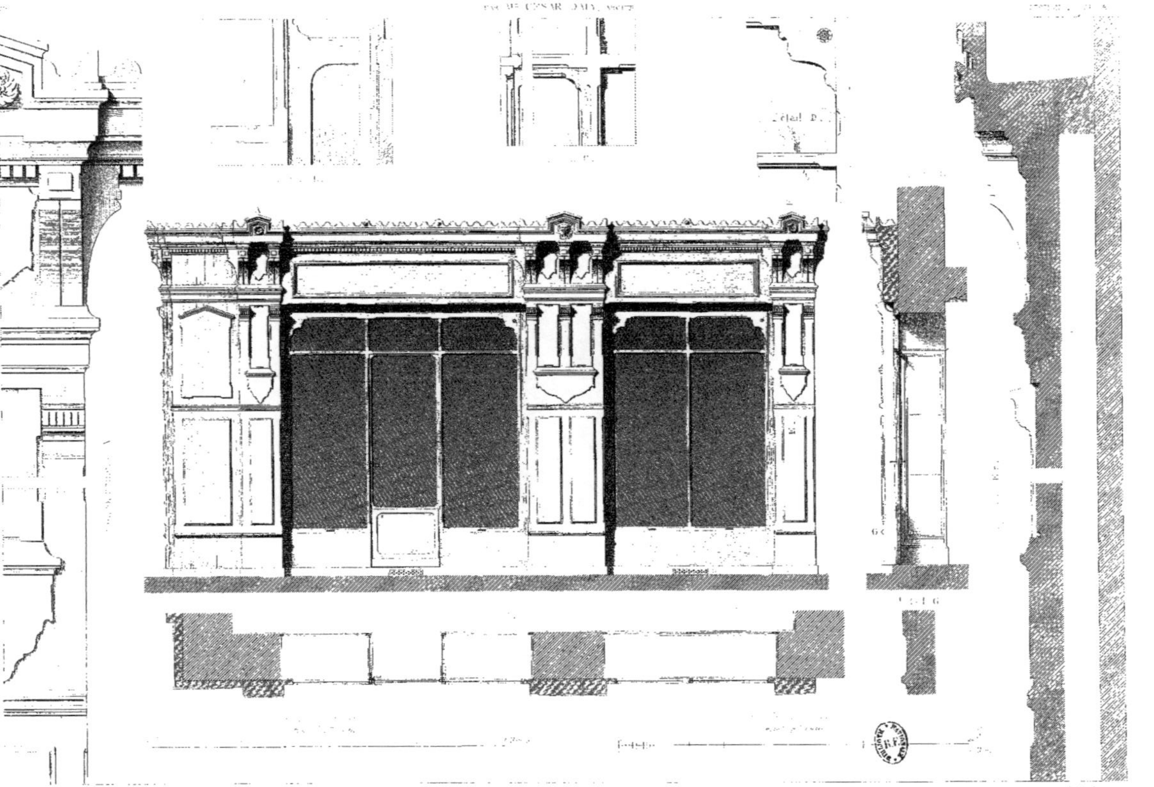

BOUTIQUE

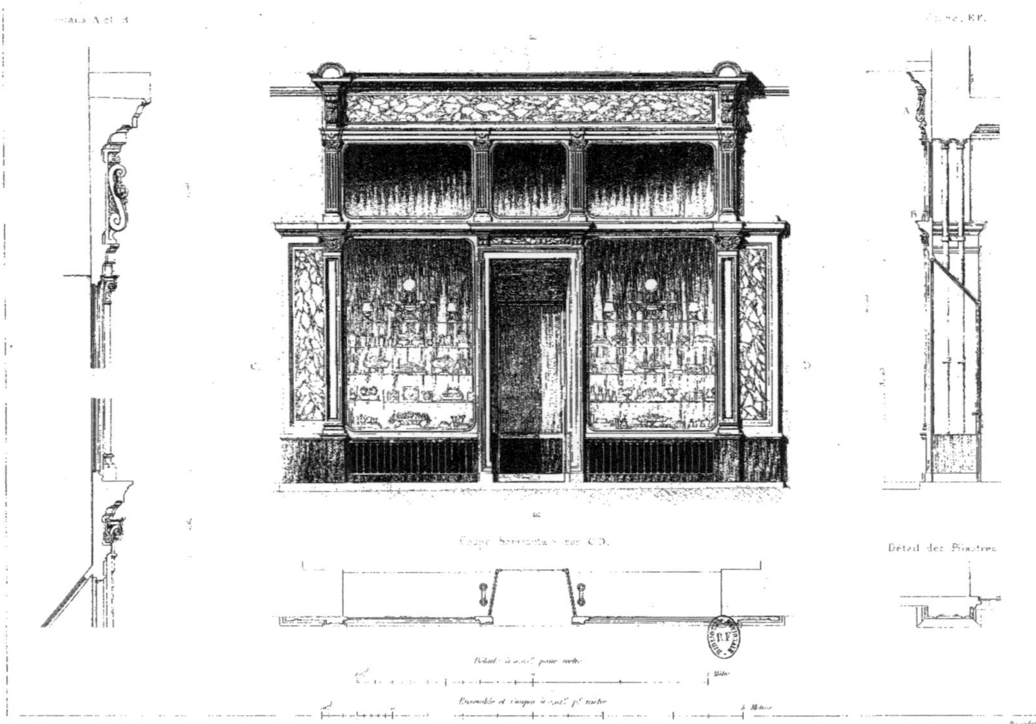

BOUTIQUE

N° 10, à Paris.

Amortissement du Fronton
Amortissement des Pilastres
Chambranle de la Porte
Coupe horizontale sur AB
Panneaux de la Porte
Soubassement, Pilastres et Couronnt Elévation
A
B

BOUTIQUE

L'ARCHITECTURE PRIVÉE AU XIXME SIÈCLE

PAR Mr CÉSAR DALY, ARCHTE

VOL. 1 — SECTION 1 — PL. 11

BOUTIQUE

L'ARCHITECTURE PRIVÉE AU XIXᵉ SIÈCLE

PAR Mʳ CÉSAR DALY, ARCHᵗᵉ

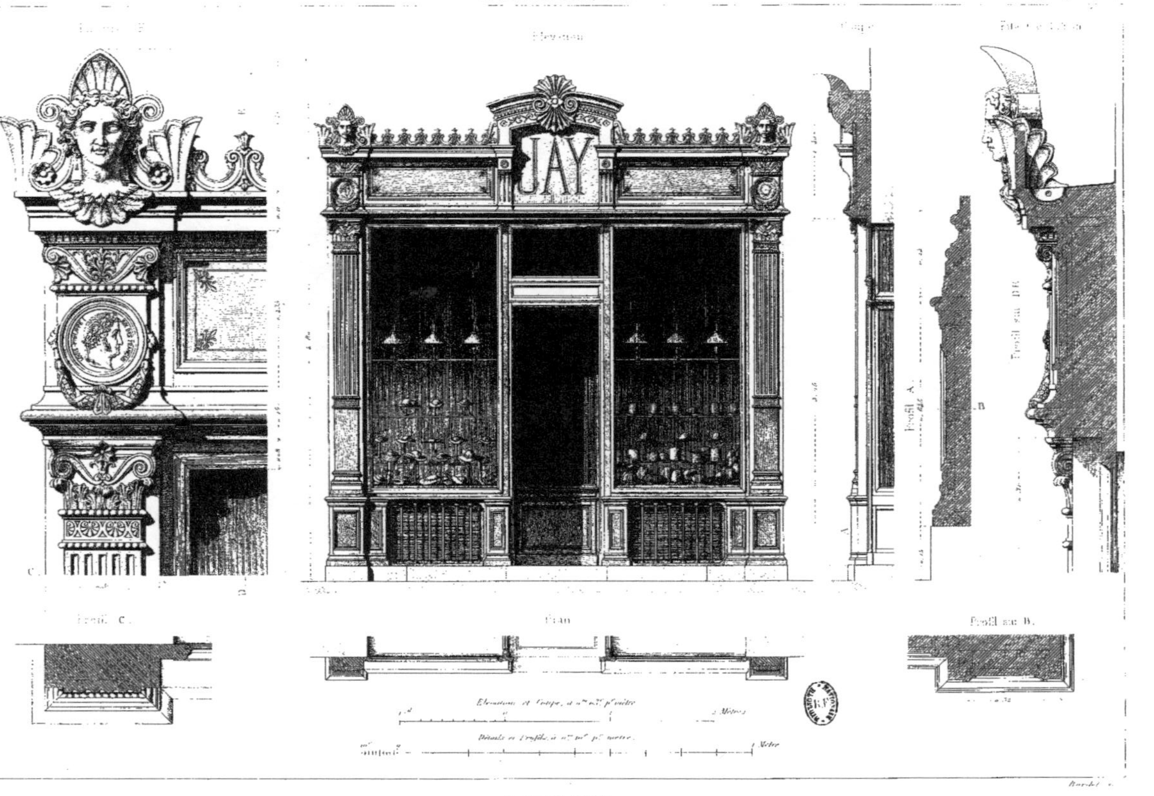

BOUTIQUE

Rue Vivienne, N° 42, à Paris

L'ARCHITECTURE PRIVÉE AU XIXme SIÈCLE

PAR Mr CÉSAR DALY, ARCH^te

Profil AB.

Profil CD.

COUVERTS

ALFÉNIDE

ORFÈVRERIE CHRISTOFLE

Rue du Pont-Neuf, N° 15

PAR Mr VAUDREMER, ARCH^te

Profil EF

Profil GH.

18

BOUL

DE GRÈF

Rue St Lazare, N° 18

Boulevard des Italiens, N° 1

Échelle de 0^m03 p^r mètre

1 Mètre

COURONNEMENTS DE BOUTIQUE

à Paris

L'ARCHITECTURE PRIVÉE AU XIXme SIÈCLE

PAR Mr CÉSAR DALY, ARCHte

COURONNEMENTS DE BOUTIQUE

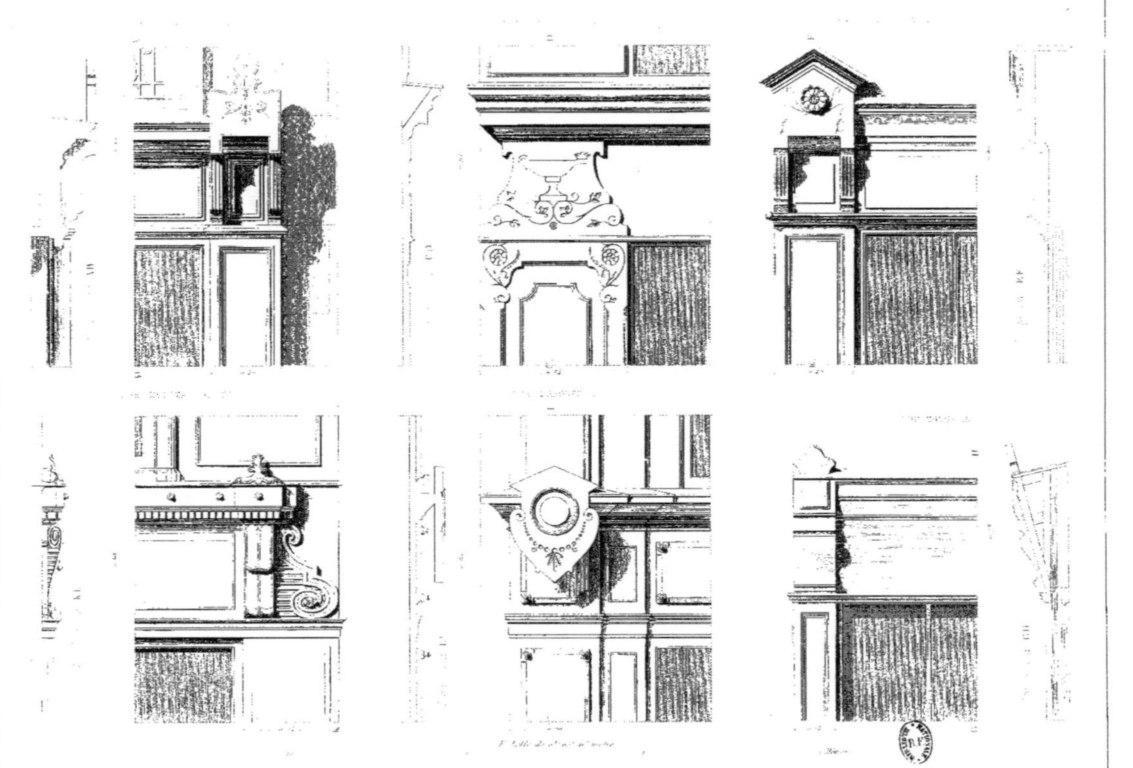

COURONNEMENTS DE BOUTIQUES

ARCHITECTURE PRIVÉE

(DEUXIÈME SÉRIE)

VOLUME Ier — SECTION II

Entrées de Cour, Portes cochères, Portes bâtardes, Portes d'allée, Fenêtres, Lucarnes, Œils-de-bœuf, Trumeaux, Couronnements de porte et de croisée, Têtes de cheminée, etc., etc.

(CINQUANTE ET UNE PLANCHES.)

L'ARCHITECTURE PRIVÉE AU XIXme SIÈCLE

PAR Mr CÉSAR DALY, ARCHTE

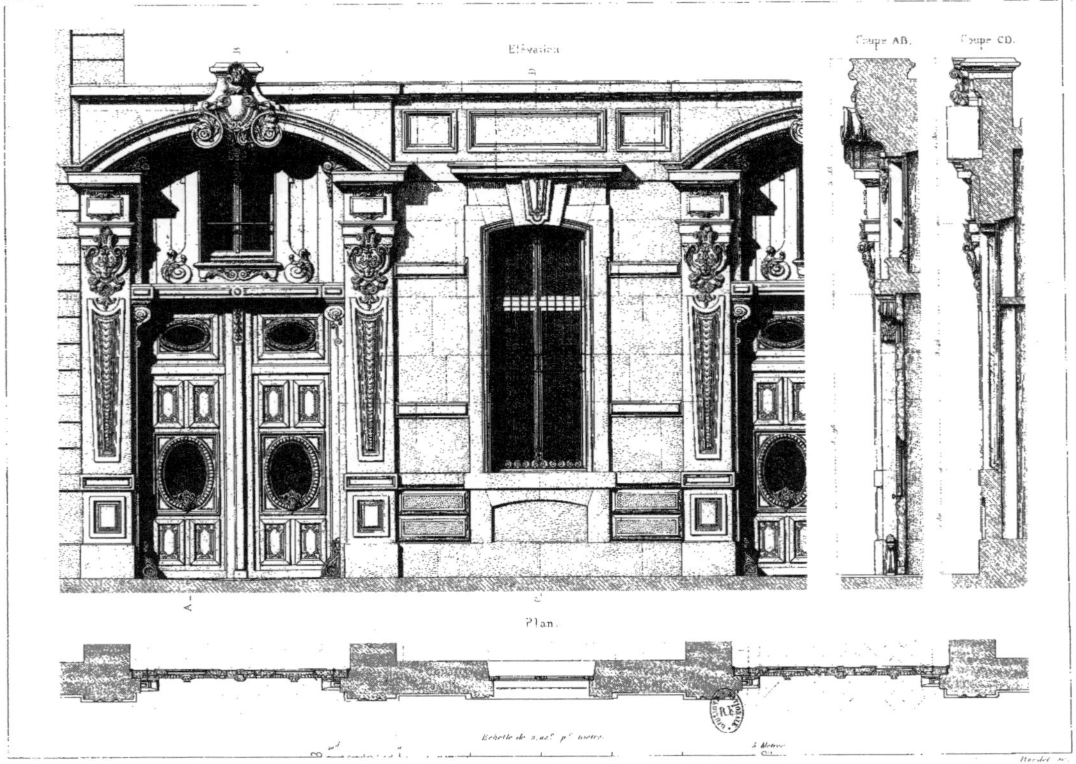
Élévation
Coupe AB.
Coupe CD.
Plan.
Echelle de 0,02 p. mètre
5 Mètres

CLOTURE DE COUR

Rue François 1er, à Paris

PAR M. CÉSAR DALY, ARCH.

CLOTURE DE COUR

L'ARCHITECTURE PRIVÉE AU XIXME SIÈCLE

PAR MR CÉSAR DALY, ARCH^TE^

CLOTURE DE COUR

PAR MR LAVENANT, ARCH^TE^

CLÔTURE DE COUR

Rue François 1er, N° 57

Rue de [illegible] N° 48

Ungerin sc.

CLÔTURES DE COUR

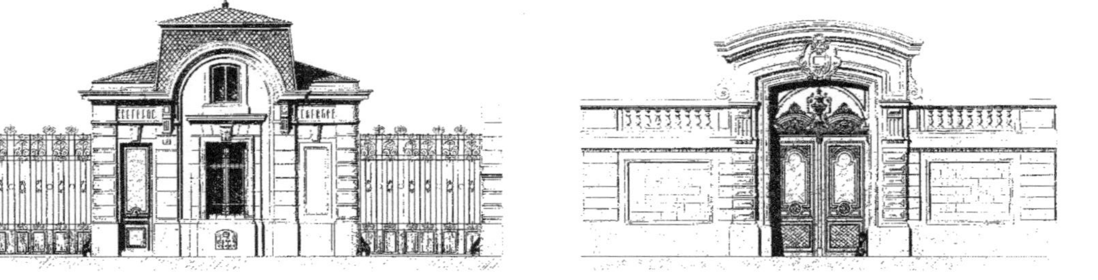

CLÔTURES DE COUR

L'ARCHITECTURE PRIVÉE AU XIXME SIÈCLE

(Deuxième Série)

PAR MR CÉSAR DALY, ARCHTE

Chappuis sc.

PORTE-COCHÈRE

L'ARCHITECTURE PRIVÉE AU XIXme SIÈCLE

PAR Mr CÉSAR DALY, ARCHte

PORTE

L'ARCHITECTURE PRIVÉE AU XIXME SIÈCLE

PAR Mr CÉSAR DALY, ARCHTE

PORTE

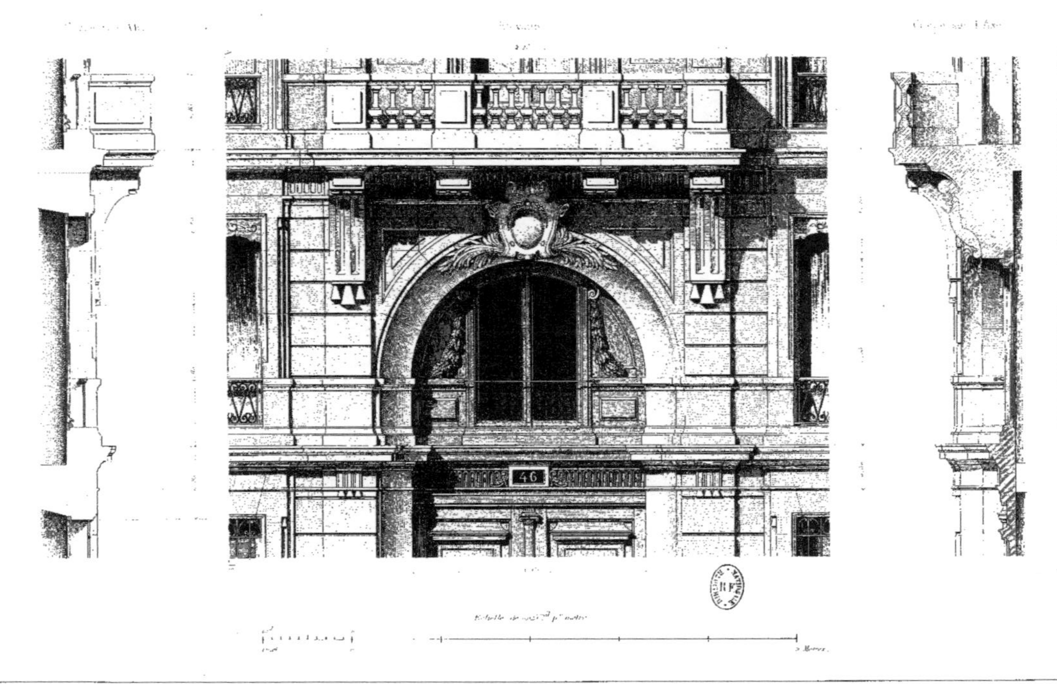

COURONNEMENT

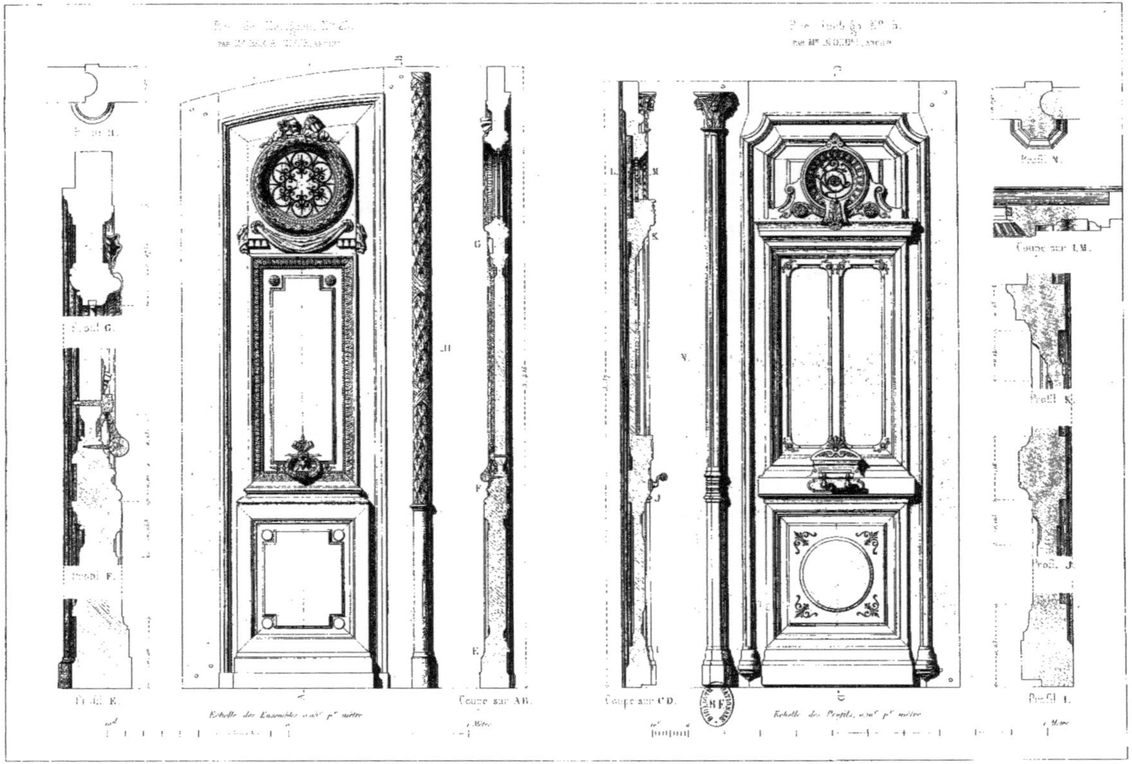
Profil H.
Profil G.
Profil F.
Profil E.
Echelle des Ensembles
Coupe sur AB.
Coupe sur CD.
Profil N.
Coupe sur LM.
Profil K.
Profil J.
Profil I.
Echelle des Profils
1 Mètre

BATTANTS DE PORTE

à Paris

PORTE

L'ARCHITECTURE PRIVÉE AU XIXme SIÈCLE

PAR Mr CÉSAR DALY, ARCHTE

PORTE

ARCHITECTURE PRIVÉE AU XIXme SIÈCLE

PAR Mr CÉSAR DALY, ARCHte

PORTE

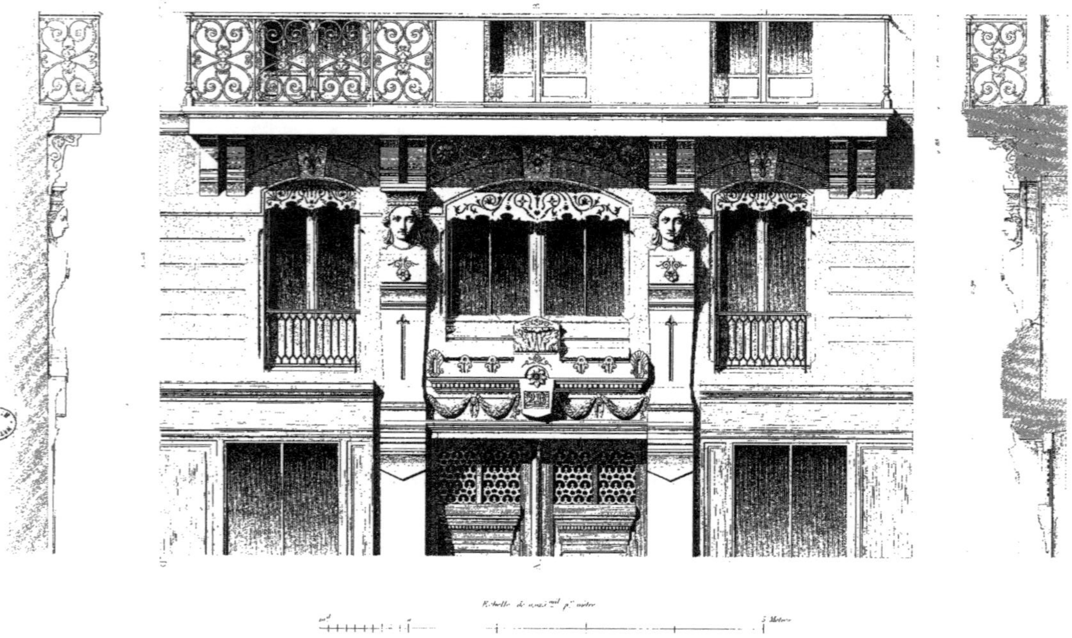

Coupe sur A B.

Echelle de ... p. mètre

5 Mètres

COURONNEMENT

de Porte-Bâtarde, Boulevard de Strasbourg, à Paris.

PAR Mʀ AMOUDRU, Archte

Imp. Lemercier

Avenue des Champs Elysees, Nº 37.

par Mʳ LORFOT, Archᵗᵉ

COURONNEMENTS

COURONNEMENTS

de Portes, à Paris.

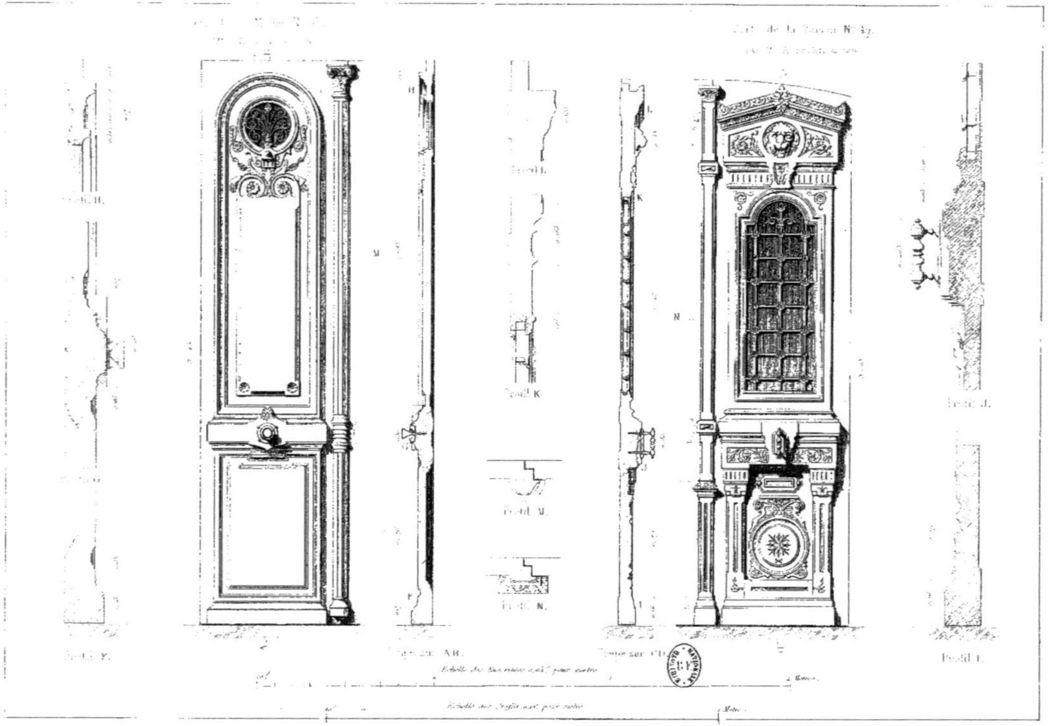

L'ARCHITECTURE PRIVÉE AU XIXme SIÈCLE

PAR Mr CÉSAR DALY, ARCHte

SECTION 2 . Pl. 22

Profil K.

Profil M.

Profil N.

Profil J.

Profil I.

Coupe sur AB.

Coupe sur CD.

Échelle des Élévations et Coupes pour mètre

Échelle des Profils pour mètre

BATTANTS DE PORTE

L'ARCHITECTURE PRIVÉE AU XIXme SIÈCLE

PAR Mr CÉSAR DALY, Archte

COURONNEMENT

L'ARCHITECTURE PRIVÉE AU XIXme SIÈCLE

COURONNEMENT

L'ARCHITECTURE PRIVÉE AU XIXME SIÈCLE

PAR MR CÉSAR DALY, ARCHTE

RUE DES PETITES-ÉCURIES, Nº 47.

RUE DE STRASBOURG, Nº 2

RUE DE RICHELIEU Nº 81

BOULEVARD DE STRASBOURG, Nº 30.

RUE DU CONSERVATOIRE

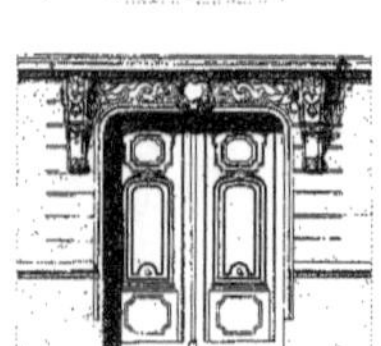

Échelle de 0m02 p. mètre

Mètres

PORTES BATARDES

L'ARCHITECTURE PRIVÉE AU XIXe SIÈCLE

PAR Mr CÉSAR DALY, ARCH^{te}

PORTE ET CROISÉE

Coupe sur AB

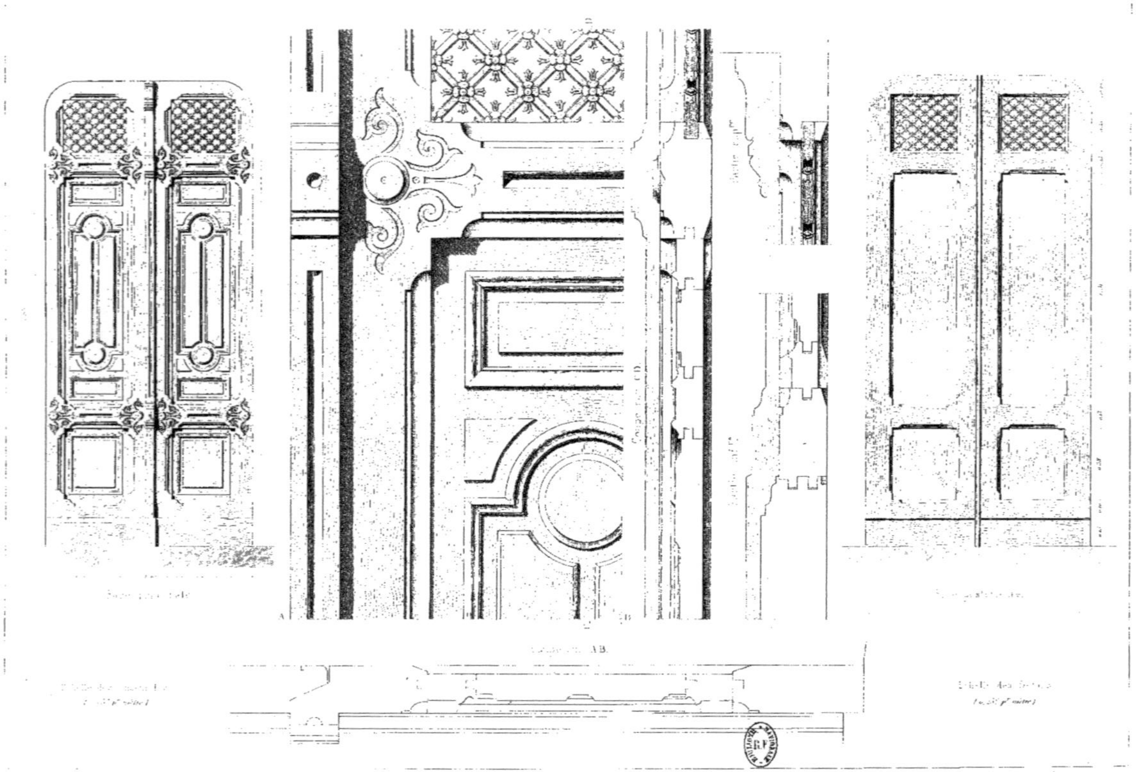

PORTE

L'ARCHITECTURE PRIVÉE AU XIXme SIÈCLE

PAR Mr CÉSAR DALY, ARCHTE

PORTE

L'ARCHITECTURE PRIVÉE AU XIXME SIÈCLE

PAR Mr CÉSAR DALY, ARCHITECTE

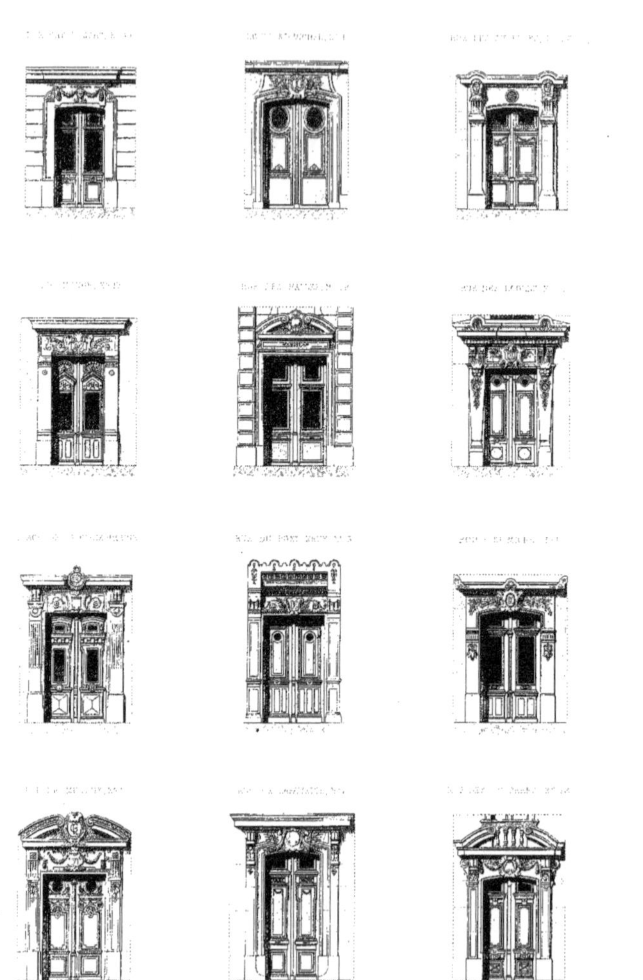

PORTES D'ALLÉE

L'ARCHITECTURE PRIVÉE AU XIXME SIÈCLE

PAR MR CÉSAR DALY, ARCHTE

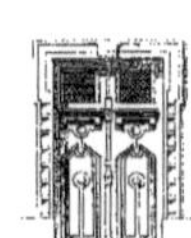

PORTES D'ALLÉE

Coupe sur CD.

Échelle de 0,05 pr mètre

2 Mètres.

CROISÉE

Rue de la Paix, à Paris

L'ARCHITECTURE PRIVÉE AU XIXME SIÈCLE

PAR MR CÉSAR DALY, ARCHTE

CROISÉES

Coupe sur AB

CROISÉE ET LUCARNE

L'ARCHITECTURE PRIVÉE AU XIXME SIÈCLE

PAR Mr CÉSAR DALY, ARCHte

CROISÉES

L'ARCHITECTURE PRIVÉE AU XIXME SIÈCLE

PAR Mr CÉSAR DALY, ARCHte

CROISÉES

L'ARCHITECTURE PRIVÉE AU XIXme SIÈCLE

PAR Mr CÉSAR DALY, ARCHte

CROISÉES

PAR MR CÉSAR DALY, ARCHTE

CROISÉES

L'ARCHITECTURE PRIVÉE AU XIXME SIÈCLE

PAR MR CÉSAR DALY, ARCHTE

CROISÉES

PAR M. CÉSAR DALY, ARCH.

ŒILS-DE-BŒUF

L'ARCHITECTURE PRIVÉE AU XIXme SIÈCLE

PAR Mr CÉSAR DALY, ARCHTE

LUCARNE

PAR Mr CÉSAR DALY, ARCHte

PARALLÈLE DE LUCARNES (PARIS)

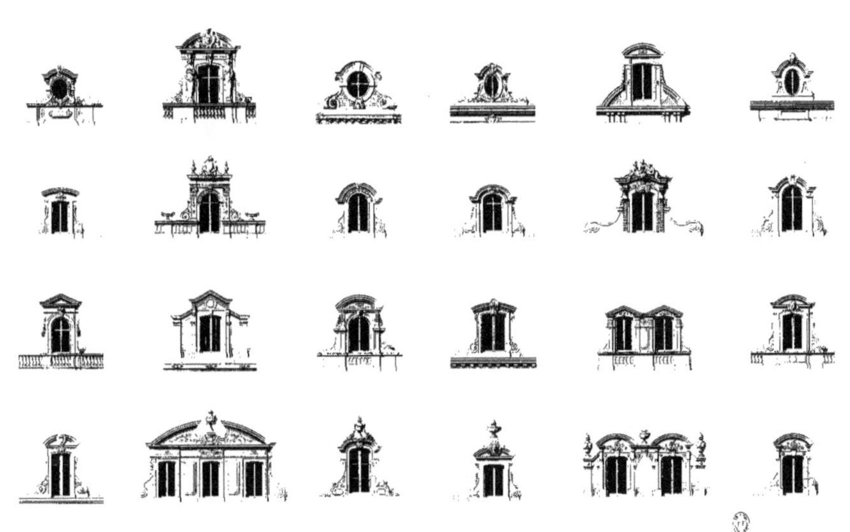

L'ARCHITECTURE PRIVÉE AU XIXME SIÈCLE

PAR MR CÉSAR DALY, ARCH^{TE}

SECTION 2

TRUMEAUX

TRUMEAUX

TRUMEAUX

L'ARCHITECTURE PRIVÉE AU XIXME SIÈCLE

PAR MR CÉSAR DALY, ARCHTE

TRUMEAUX

L'ARCHITECTURE PRIVÉE AU XIXme SIÈCLE

PAR Mr CÉSAR DALY, ARCHTE

TRUMEAUX

L'ARCHITECTURE PRIVÉE AU XIXme SIÈCLE

SOUCHES DE CHEMINÉES

ARCHITECTURE PRIVÉE

(DEUXIÈME SÉRIE)

VOLUME Ier SECTION III

Écuries et Remises. — Fontaines particulières.

(DIX PLANCHES.)

1. Écuries et remises, rue de Valois-du-Roule, à Paris, par M. Convents, architecte. Ensemble, plan et détails.
2. Écuries et remises, rue Vanneau, n° 47, à Paris, par M. Petit, architecte. Ensemble, coupe, plans et détails.
3. Écuries et remises, rue Balzac, n° 17, à Paris, par M. Azémar, architecte. Ensemble, plans et détails.
4. Écuries et remises, rue Boudreau, n° 1, à Paris, par MM. Rohault de Fleury et Bailly, architectes. Ensemble et plans.
5. Écuries et remises, rue La Pérouse, n° 10, à Paris, par M. Ed. Morin, architecte. Ensemble, coupe et plans.
6. Écuries et remises, rue des Belles-Feuilles, à Paris, par M. Parent, architecte. Ensemble et plans.
7. Écuries et remises (deux exemples), à Paris, par M. Tronquois, architecte, et M. Drevet, architecte. Ensembles et plans.
8. Écuries, remises et dépendances diverses de l'établissement de M. Godillot, à Saint-Ouen, près Paris, par M. Soty, architecte. Ensemble, coupes et plan.
9. Fontaine dans un vestibule, boulevard Saint-Germain, n° 90, à Paris, par M. Chaffanjon, architecte. Ensemble, coupe et plan.
10. Fontaine dans la cour d'une maison, boulevard Haussmann, n° 45, à Paris, par MM. P. et W. Chabrol, architectes. Ensemble, coupe, plan et détails.

AU XIXe SIÈCLE

ÉCURIES ET REMISES

L'ARCHITECTURE PRIVÉE AU XIXE SIÈCLE

PAR MR CÉSAR DALY, ARCH^TE

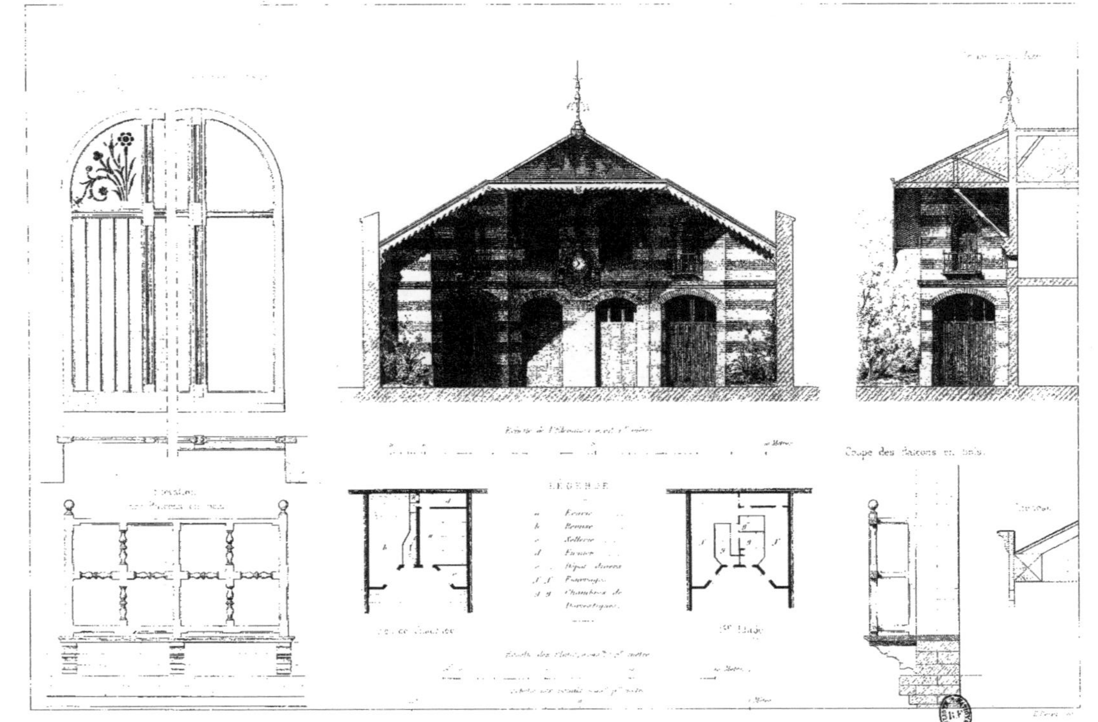

ÉCURIES ET REMISES

L'ARCHITECTURE PRIVÉE AU XIXme SIÈCLE

par Mr CÉSAR DALY, archte

ÉCURIES ET REMISES

L'ARCHITECTURE PRIVÉE AU XIXme SIÈCLE

par M. CÉSAR DALY, arch.te

a a	Écuries		k k	Ch. de Domestiques
b	Boxe		l l	Chassis vitrés
c c	Remises			
d d	Selleries			
f	Entrée de service			

(à ... pr mètre)

(à ... pr mètre)

ÉCURIES ET REMISES

L'ARCHITECTURE PRIVÉE AU XIXme SIÈCLE

PAR Mr CÉSAR DALY Archte

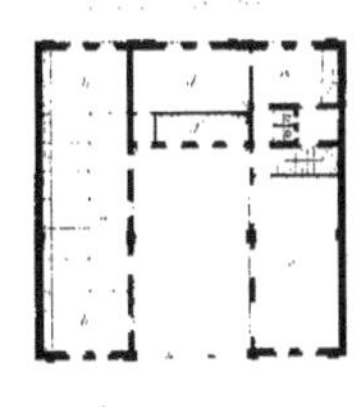

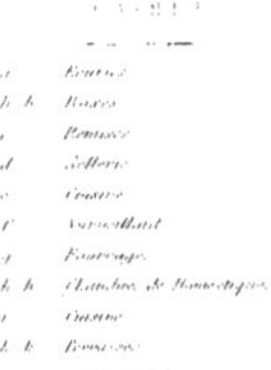

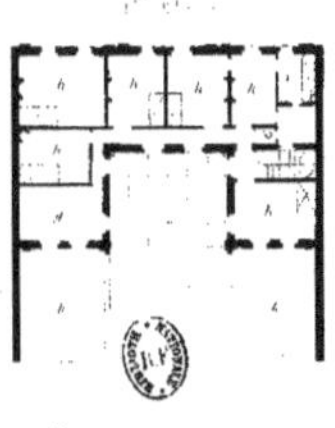

ÉCURIES ET REMISES

L'ARCHITECTURE PRIVÉE AU XIXme SIÈCLE

PAR M. CÉSAR DALY, ARCH^te

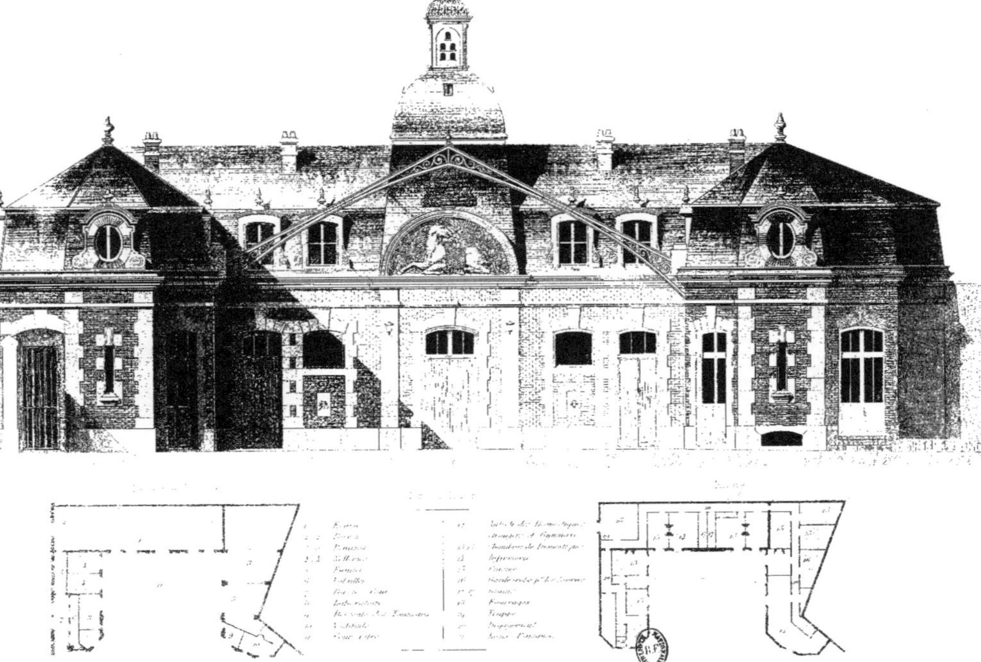

ÉCURIES ET REMISES

L'ARCHITECTURE PRIVÉE AU XIXme SIÈCLE

PAR Mr CÉSAR DALY, ARCHte

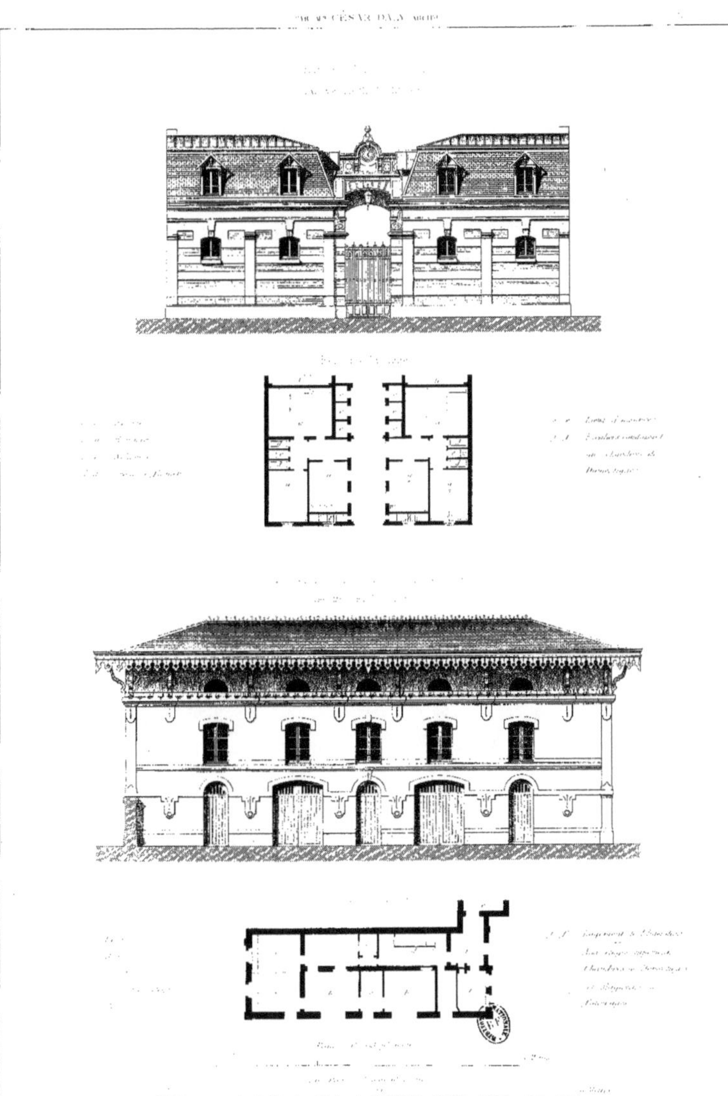

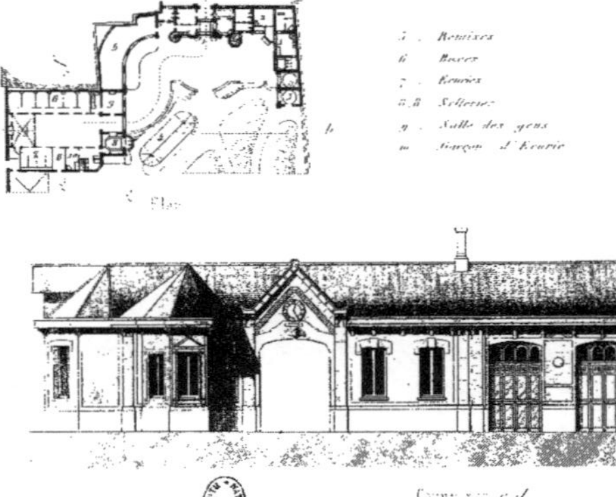

ÉCURIES, REMISES

L'ARCHITECTURE PRIVÉE AU XIXME SIÈCLE

PAR Mr CÉSAR DALY, ARCHTE

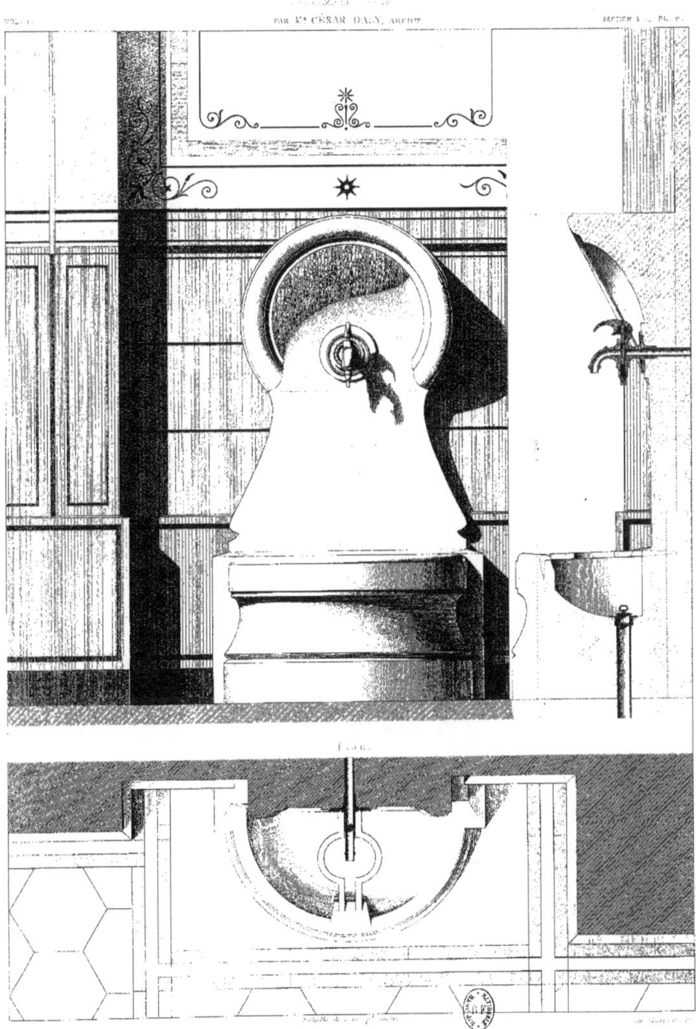

FONTAINE

L'ARCHITECTURE PRIVÉE AU XIXME SIÈCLE

PAR MR CÉSAR DALY, ARCHTE

FONTAINE

www.ingramcontent.com/pod-product-compliance
Lightning Source LLC
LaVergne TN
LVHW020314230826
846091LV00003B/668